Fabrício P.B. Lima

Marketing Digital para Iniciantes

Desvende os Segredos do Sucesso

GUIA COMPLETO E SIMPLIFICADO
**PARA INICIANTES NO MARKETING
COM AS ESTRATEGIAS MAIS UTILIZADAS
NO MUNDO DO MARKETING DIGITAL**
PARA VOCÊ APLICAR HOJE MESMO

Sumario

- Introdução – Página | 4
    - *O que você encontrará neste livro*
- Capítulo 1: Mergulhando no Marketing Digital – Página | 5 - 6
    - *O Que é Marketing Digital?*
    - *Objetivos do Marketing Digital*
    - *Os benefícios do marketing digital*
- Capítulo 2: Desvendando os Segredos do Marketing de Conteúdo – Página | 6 - 7
    - *A Importância do Marketing de Conteúdo*
    - *Definindo Sua Persona*
    - *Planejamento do Calendário Editorial*
    - *Ferramentas Essenciais para o Marketing de Conteúdo*
    - *Criando Conteúdo Engajador*
    - *Medindo o Sucesso*
- Capítulo 3: O Poder das Redes Sociais – Página | 8 - 9
    - *A Importância das Redes Sociais no Marketing Digital*
    - *Escolhendo as Redes Sociais Ideais para o Seu Negócio*
    - *Criando Conteúdo que Gera Engajamento*
- Capítulo 4: E-mail Marketing: Comunicação Direta e Personalizada – Página | 10 - 11
    - *A Importância do E-mail Marketing*
    - *Construindo uma Lista de E-mails de Qualidade*
    - *Segmentação do Público*
    - *Criando Campanhas de E-mail Marketing que convertem*
    - *Medindo o Sucesso das Campanhas*

- Capítulo 5: Mídias Pagas: Amplifique seu Alcance – Página | 12 - 13
    - *A Importância das Mídias Pagas*
    - *Google Ads*
    - *Facebook Ads*
    - *Otimização de Campanhas*
- Capítulo 6: SEO: Posicione seu Site no Topo dos Resultados de Busca – Página | 14 - 16
    - *A Importância do SEO*
    - *Pesquisa de Palavras-Chave*
    - *Otimização de Conteúdo*
    - *Construção de Backlinks*
    - *Otimização Técnica*
- Capítulo 7: Ferramentas Digitais Essenciais – Página | 16 - 18
    - *Automatização de Marketing*
    - *Análise de Dados*
    - *Gestão de Redes Sociais*
    - *SEO e Marketing de Conteúdo*
    - *Gestão de Projetos e Colaboração*
    - *Publicidade Digital*
- Capítulo 8: Métricas e Análise de Resultados – Página | 18 - 20
    - *A Importância das Métricas no Marketing Digital*
    - *Definindo as Métricas Certas*
    - *Métricas de Tráfego*
    - *Métricas de Engajamento*
    - *Métricas de Conversão*
    - *Métricas de Retenção e Fidelidade*
    - *Métricas de ROI e Performance Financeira*
    - *Monitorando o Desempenho*
    - *Tomando Decisões Baseadas em Dados*
    - *Ferramentas para Métricas e Análise*

- Capítulo 9: Estudos de Caso e Inspirações – Página | 21 - 23
    - *A Importância dos Estudos de Caso*
    - *Exemplos Práticos de Sucesso*
    - *Adaptando Estratégias ao Seu Negócio*
    - *Ferramentas para Análise de Estudos de Caso*
- Capítulo 10: Dicas Extras para o Sucesso – Página | 23 - 25
    - *Ética Digital*
    - *Transparência e Honestidade*
    - *Respeito pela Privacidade*
    - *Conteúdo Autêntico*
    - *Segurança Online*
    - *Proteção de Dados*
    - *Segurança de Senhas*
    - *Educação e Treinamento*
    - *Monitoramento Contínuo*
    - *Tendências do Mercado*
    - *Inteligência Artificial e Automação*
    - *Marketing de Influenciadores*
    - *Vídeo Marketing*
- Conclusão – Página | 25

Introdução

No mundo frenético da era digital, as empresas que não se adaptarem às novas realidades correm o risco de serem engolidas pela obscuridade. O marketing digital se tornou a chave para o sucesso neste cenário em constante mutação, oferecendo ferramentas poderosas para conectar com o público-alvo, construir relacionamentos duradouros e impulsionar as vendas.

Se você está buscando dominar as técnicas do marketing digital e levar seu negócio para o próximo nível, este livro é o seu guia definitivo. Elaborado com linguagem clara e acessível, este material te acompanhará em uma jornada completa pelo universo digital, desde os conceitos básicos até as estratégias mais avançadas.

O que você encontrará neste livro:

- **Uma visão geral abrangente do marketing digital:** Abordaremos os principais conceitos, objetivos e benefícios dessa área essencial para o sucesso nos dias de hoje.
- **Um mergulho profundo no marketing de conteúdo:** Descubra como criar conteúdo relevante e engajador para atrair, nutrir e converter leads em clientes fiéis.
- **O poder das redes sociais:** Aprenda a escolher as redes ideais para o seu negócio, criar posts que geram engajamento e gerenciar sua presença online de forma eficaz.
- **E-mail marketing: comunicação direta e personalizada:** Domine a arte de construir uma lista de e-mails de qualidade, segmentar seu público e criar campanhas que convertem.
- **Mídias pagas: amplie seu alcance:** Explore o potencial das mídias pagas, como Google Ads e Facebook Ads, para alcançar um público ainda maior e direcionar seus anúncios para as pessoas certas.
- **SEO: posicione seu site no topo dos resultados de busca:** Aprenda as técnicas de SEO mais importantes para garantir que seu site apareça nas primeiras posições do Google.
- **Ferramentas digitais essenciais:** Descubra as ferramentas mais utilizadas pelos profissionais de marketing digital para automatizar tarefas, analisar dados e otimizar suas campanhas.
- **Métricas e análise de resultados:** Acompanhe seus resultados de perto e tome decisões baseadas em dados para alcançar o sucesso.
- **Estudos de caso e inspirações:** Inspire-se em empresas que estão obtendo resultados excepcionais com marketing digital e adapte suas estratégias para o seu próprio negócio.
- **Dicas extras para o sucesso:** Mantenha-se atualizado com as últimas tendências do mercado, aprimore suas habilidades e garanta o sucesso duradouro no marketing digital.

Junte-se a nós nesta jornada e prepare-se para desvendar os segredos do sucesso online!

Capítulo 1: Mergulhando no Marketing Digital

O marketing digital tornou-se uma parte essencial de qualquer estratégia de negócios moderna. Com a proliferação da internet e das tecnologias digitais, as empresas têm à disposição uma vasta gama de canais e ferramentas para alcançar seus públicos-alvo de maneira mais eficiente e eficaz. Este capítulo oferece uma visão abrangente sobre o que é marketing digital, seus principais objetivos, benefícios e os diversos canais disponíveis.

O Que é Marketing Digital?

O marketing digital refere-se ao uso de tecnologias digitais e da internet para promover produtos, serviços ou marcas. Isso inclui uma variedade de táticas e estratégias que utilizam dispositivos eletrônicos, como computadores, smartphones e tablets, para se conectar com os consumidores. Diferente do marketing tradicional, o marketing digital permite uma comunicação bidirecional, onde as empresas podem interagir diretamente com os consumidores e obter feedback em tempo real.

Objetivos do Marketing Digital

Os principais objetivos do marketing digital são diversos e dependem das necessidades específicas de cada negócio.

Alguns objetivos comuns incluem:

- Aumentar a Visibilidade da Marca: Utilizar canais digitais para aumentar o reconhecimento e a presença da marca no mercado.
- Gerar Leads: Atrair e capturar informações de contato de potenciais clientes para nutrir e converter em vendas.
- Melhorar o Engajamento com o Cliente: Estabelecer uma comunicação contínua e relevante com o público-alvo.
- Aumentar as Vendas: Promover produtos ou serviços de maneira eficaz para impulsionar as vendas.
- Medir e Analisar Resultados: Utilizar ferramentas analíticas para monitorar o desempenho das campanhas e ajustar estratégias conforme necessário.
- Benefícios do Marketing Digital

Os benefícios do marketing digital são vastos e incluem:

- Alcance Global: Permite que as empresas atinjam uma audiência global sem as limitações geográficas.
- Custo-Efetividade: Comparado ao marketing tradicional, as campanhas digitais podem ser mais econômicas e acessíveis para negócios de todos os tamanhos.
- Mensuração Precisa: Ferramentas analíticas permitem medir o sucesso das campanhas com precisão, ajustando as estratégias em tempo real.
- Segmentação Precisa: Possibilita a segmentação detalhada do público-alvo, garantindo que a mensagem certa chegue à pessoa certa no momento certo.
- Interatividade: Fomenta a interação direta entre marcas e consumidores, melhorando o relacionamento e a lealdade do cliente.

Existem vários canais digitais que as empresas podem utilizar em suas estratégias de marketing. Cada canal possui características únicas e pode ser utilizado para atingir diferentes objetivos de marketing.

Os principais canais incluem:

- Sites e Blogs: Servem como a base online de uma empresa, oferecendo informações sobre produtos, serviços e conteúdo relevante para atrair e engajar visitantes.
- Redes Sociais: Plataformas como Facebook, Instagram, Twitter e LinkedIn permitem que as empresas se conectem com seus públicos de maneira mais pessoal e direta. As redes sociais são excelentes para construir uma comunidade em torno da marca e fomentar o engajamento.
- E-mail Marketing: Ferramenta poderosa para nutrir leads e manter os clientes informados sobre novidades, promoções e conteúdos exclusivos. O e-mail marketing permite uma comunicação personalizada e segmentada.
- Mídias Pagas: Inclui publicidade em motores de busca (Google Ads), anúncios em redes sociais, e banners em sites de terceiros. As mídias pagas permitem alcançar rapidamente um grande número de pessoas e podem ser altamente segmentadas.
- SEO (Search Engine Optimization): Conjunto de técnicas para otimizar o site da empresa para os motores de busca, aumentando a visibilidade e atraindo tráfego orgânico.
- Marketing de Conteúdo: Envolve a criação e distribuição de conteúdo valioso e relevante para atrair e engajar um público claramente definido, com o objetivo de gerar ações lucrativas dos clientes.

O marketing digital é um componente indispensável na era moderna, oferecendo às empresas a capacidade de se conectar com seus consumidores de maneiras novas e inovadoras. Ao entender os objetivos e benefícios do marketing digital, e ao explorar os diversos canais disponíveis, as empresas podem desenvolver estratégias eficazes para atingir suas metas de negócios. Neste capítulo, você obteve uma visão geral que servirá como base para aprofundar seu conhecimento em marketing digital e aplicar essas práticas de maneira estratégica e eficiente em seus próprios negócios.

Capítulo 2: Desvendando os Segredos do Marketing de Conteúdo

O marketing de conteúdo se destaca como uma das estratégias mais eficazes no cenário digital contemporâneo. Ele não apenas posiciona marcas de maneira diferenciada, mas também estabelece conexões autênticas e duradouras com os consumidores. No entanto, para aproveitar todo o potencial do marketing de conteúdo, é essencial compreender e implementar uma série de práticas e técnicas.

A Importância do Marketing de Conteúdo

Em um ambiente onde os consumidores são bombardeados diariamente com uma infinidade de mensagens publicitárias, o marketing de conteúdo se apresenta como uma alternativa valiosa. Em vez de interromper a experiência do usuário com anúncios invasivos, essa abordagem se concentra na criação de conteúdo relevante e útil que atraia o interesse do público-alvo. Isso não só ajuda a construir uma relação de confiança com os consumidores, mas também posiciona a marca como uma autoridade no seu nicho de mercado.

Definindo Sua Persona

Antes de começar a criar conteúdo, é crucial definir quem é o seu público-alvo. Para isso, a criação de personas é uma ferramenta indispensável. Uma persona é uma representação semifictícia do seu cliente ideal, baseada em dados reais e algumas suposições fundamentadas sobre demografia, comportamento, motivações e desafios dos seus consumidores. Ao entender quem são seus clientes, suas necessidades e desejos, você pode criar conteúdo que realmente ressoe com eles e ofereça soluções para seus problemas.

Planejamento do Calendário Editorial

Outro aspecto vital do marketing de conteúdo é o planejamento. Um calendário editorial bem estruturado, ajuda a garantir a consistência e a relevância do conteúdo publicado. Isso envolve determinar os temas que serão abordados, as datas de publicação e os canais de distribuição. Um planejamento eficaz não só mantém a equipe organizada, mas também permite que a empresa se antecipe a eventos e tendências importantes, aproveitando oportunidades para criar conteúdo oportuno e impactante.

Ferramentas Essenciais para o Marketing de Conteúdo

Utilizar as ferramentas certas pode fazer toda a diferença na eficiência e eficácia da sua estratégia de marketing de conteúdo. Existem diversas ferramentas disponíveis no mercado que podem ajudar em várias etapas do processo, desde a geração de ideias até a análise de desempenho. Algumas das mais populares incluem:

- Google Analytics: Para monitorar o tráfego e o comportamento dos usuários em seu site.
- SEMrush: Para realizar pesquisas de palavras-chave e análise de concorrentes.
- Hootsuite: Para gerenciar e programar postagens em redes sociais.
- Canva: Para criar gráficos e materiais visuais atrativos.
- BuzzSumo: Para identificar tendências e tópicos populares no seu nicho.

Criando Conteúdo Engajador

O coração do marketing de conteúdo é, obviamente, o próprio conteúdo. Para que ele seja eficaz, deve ser não apenas relevante, mas também engajador. Isso significa que ele deve ser interessante o suficiente para capturar a atenção do seu público e incentivá-lo a interagir com sua marca. Alguns formatos populares incluem blogs, vídeos, infográficos, podcasts e e-books. O segredo está em variar os formatos e ajustar o estilo de comunicação de acordo com o canal e a persona definida.

Medindo o Sucesso

Por fim, é importante medir o desempenho do seu marketing de conteúdo para entender o que está funcionando e onde há espaço para melhorias. Defina KPIs (Key Performance Indicators) claros, como o número de visualizações, o tempo de permanência na página, as taxas de conversão e o engajamento nas redes sociais. Use essas métricas para ajustar sua estratégia e garantir que seus esforços estejam alinhados com os objetivos da sua empresa. Em resumo, o marketing de conteúdo é uma ferramenta poderosa que, quando bem aplicada, pode transformar a presença digital de uma marca. A chave está na criação de conteúdo relevante e engajador, sustentado por um planejamento cuidadoso e o uso inteligente de ferramentas analíticas. Ao dominar esses aspectos, você estará preparado para atrair, nutrir e converter leads em clientes fiéis, construindo uma base sólida para o sucesso a longo prazo.

Capítulo 3: O Poder das Redes Sociais

As redes sociais transformaram a maneira como as empresas interagem com seus clientes. Mais do que apenas plataformas de comunicação, elas se tornaram ferramentas indispensáveis para o marketing, permitindo às empresas alcançar, engajar e construir relacionamentos duradouros com seu público-alvo. Este capítulo explora o potencial das redes sociais, fornecendo orientações sobre como escolher as plataformas certas, criar conteúdo que gera engajamento e gerenciar sua presença online de forma eficaz.

A Importância das Redes Sociais no Marketing Digital

As redes sociais oferecem inúmeras vantagens para as empresas, independentemente do seu tamanho ou setor. Elas permitem uma comunicação direta e imediata com o público, fornecendo uma plataforma para compartilhar informações, promover produtos e serviços, e criar uma comunidade em torno da marca. A interação nas redes sociais ajuda a construir confiança e lealdade, fatores essenciais para o sucesso a longo prazo.

Escolhendo as Redes Sociais Ideais para o Seu Negócio

Cada rede social possui características únicas e atrai diferentes tipos de público. Escolher as plataformas certas para o seu negócio é fundamental para maximizar o impacto de suas estratégias de marketing. Aqui estão algumas das principais redes sociais e suas características:

- *Facebook*: Com uma vasta base de usuários e uma variedade de ferramentas de publicidade, o Facebook é ideal para empresas que desejam alcançar um público amplo. É excelente para construir uma comunidade, promover eventos e compartilhar conteúdo diversificado, desde textos até vídeos.
- *Instagram*: Focado em conteúdo visual, o Instagram é perfeito para marcas que podem se beneficiar de fotos e vídeos atraentes. Ideal para setores como moda, beleza, alimentação e viagens, o Instagram também oferece ferramentas como Stories e IGTV para engajamento contínuo.
- *Twitter*: Conhecido pela sua natureza rápida e concisa, o Twitter é excelente para atualizações em tempo real, atendimento ao cliente e compartilhamento de notícias. É uma plataforma poderosa para interagir diretamente com os clientes e participar de conversas relevantes no seu setor.
- *LinkedIn*: Voltado para o networking profissional, o LinkedIn é essencial para empresas B2B, recrutamento e compartilhamento de conteúdo especializado. É uma plataforma onde o conteúdo mais formal e educativo tende a performar melhor.
- *YouTube*: A maior plataforma de vídeos do mundo é ideal para empresas que produzem conteúdo em vídeo, como tutoriais, vlogs, demonstrações de produtos e webinars. O YouTube ajuda a aumentar a visibilidade da marca através de um formato visualmente engajador.
- *TikTok*: Popular entre os públicos mais jovens, o TikTok é perfeito para conteúdos curtos e criativos. As marcas podem aproveitar desafios, tendências e vídeos virais para aumentar seu alcance e engajamento.

Criando Conteúdo que Gera Engajamento

Uma presença eficaz nas redes sociais requer a criação de conteúdo que não apenas atraia atenção, mas também incentive a interação. Aqui estão algumas dicas para criar posts que geram engajamento:

- *Conheça Seu Público*: Entenda quem são seus seguidores e o que eles valorizam. Isso permitirá criar conteúdo que ressoe com eles e atenda às suas necessidades e interesses.
- *Seja Consistente*: Mantenha uma frequência regular de postagens para manter seu público engajado. Use um calendário de conteúdo para planejar suas postagens com antecedência.
- *Utilize Imagens e Vídeos de Alta Qualidade*: Conteúdo visual de alta qualidade tende a obter mais engajamento. Invista em boas fotos, gráficos e vídeos para tornar suas postagens mais atraentes.
- *Conte Histórias*: Histórias autênticas e envolventes capturam a atenção e criam uma conexão emocional com seu público. Compartilhe histórias sobre sua marca, produtos e clientes.
- Incentive a Interação: Faça perguntas, crie enquetes e incentive os seguidores a comentar e compartilhar suas postagens. Responda prontamente aos comentários e mensagens para mostrar que você valoriza a interação com seu público.
- *Acompanhe as Tendências*: Esteja atento às tendências e temas populares em suas redes sociais. Participar de conversas e desafios populares pode aumentar a visibilidade e relevância de sua marca.
- *Gerenciando Sua Presença Online de Forma Eficaz*: Gerenciar a presença online de sua marca de forma eficaz envolve mais do que apenas postar conteúdo. Aqui estão algumas estratégias para uma gestão eficiente:
- *Monitore suas Métricas*: Use as ferramentas analíticas oferecidas pelas plataformas sociais para monitorar o desempenho de suas postagens e campanhas. Métricas como alcance, engajamento, taxa de cliques e conversões fornecem insights valiosos sobre o que está funcionando e o que precisa ser ajustado.
- *Automatize Onde For Possível*: Utilize ferramentas de automação para agendar postagens e gerenciar suas redes sociais de forma mais eficiente. Ferramentas como Hootsuite, Buffer e Sprout Social ajudam a economizar tempo e manter a consistência.
- *Gerencie a Reputação da Marca*: Monitore o que está sendo dito sobre sua marca nas redes sociais. Responda rapidamente a críticas e comentários negativos para resolver problemas e manter uma imagem positiva.
- *Fique Atualizado*: As redes sociais estão em constante evolução. Mantenha-se atualizado sobre novas funcionalidades, algoritmos e tendências para garantir que suas estratégias estejam sempre alinhadas com as melhores práticas.
- *Crie Parcerias*: Colabore com influenciadores e outras marcas para ampliar seu alcance. Parcerias estratégicas podem introduzir sua marca a novos públicos e adicionar credibilidade.

As redes sociais oferecem um potencial imenso para conectar marcas com seus públicos de maneira significativa e impactante. Ao escolher as plataformas certas, criar conteúdo envolvente e gerenciar sua presença online de forma eficaz, as empresas podem não apenas aumentar sua visibilidade e engajamento, mas também construir relacionamentos duradouros com seus clientes. Este capítulo forneceu uma visão detalhada do poder das redes sociais, preparando-o para alavancar essas plataformas em sua estratégia de marketing digital.

Capítulo 4: E-mail Marketing: Comunicação Direta e Personalizada

O e-mail marketing permanece como um dos canais de comunicação mais eficazes e diretos no marketing digital. Sua capacidade de alcançar os clientes de forma personalizada e segmentada o torna uma ferramenta indispensável para empresas que desejam construir relacionamentos sólidos e promover suas ofertas de maneira eficiente. Neste capítulo, você aprenderá como construir uma lista de e-mails de qualidade, segmentar seu público e criar campanhas de e-mail marketing que realmente convertem.

A Importância do E-mail Marketing

Apesar do surgimento de novas tecnologias e plataformas de comunicação, o e-mail marketing continua sendo uma das estratégias mais poderosas. Vários fatores contribuem para sua eficácia:

- Alcance Direto: O e-mail permite uma comunicação direta com o destinatário, garantindo que sua mensagem chegue ao público-alvo sem as distrações comuns nas redes sociais e outras plataformas.
- Personalização: Com a capacidade de segmentar e personalizar mensagens, o e-mail marketing permite adaptar o conteúdo para atender às necessidades e interesses específicos de cada destinatário.
- Mensuração: As ferramentas de e-mail marketing fornecem métricas detalhadas, como taxas de abertura, cliques e conversões, permitindo avaliar o desempenho e ajustar as estratégias.
- Custo-Efetividade: Comparado a outras formas de marketing, o e-mail é relativamente barato e oferece um alto retorno sobre investimento (ROI).

Construindo uma Lista de E-mails de Qualidade

A base de qualquer campanha de e-mail marketing bem-sucedida é uma lista de e-mails de alta qualidade. Aqui estão algumas estratégias para construir e manter uma lista eficaz:

- Captura de Leads: Utilize formulários de captura de leads em seu site, blog e páginas de destino. Ofereça algo de valor em troca do endereço de e-mail, como um e-book, whitepaper, desconto ou acesso exclusivo a conteúdo.
- Eventos e Webinars: Promova a inscrição em eventos e webinars. Os participantes geralmente estão interessados no seu conteúdo e mais propensos a se engajar com seus e-mails.
- Redes Sociais: Use suas redes sociais para incentivar seguidores a se inscreverem na sua lista de e-mails. Campanhas específicas e anúncios direcionados podem ajudar a ampliar seu alcance.
- Concursos e Sorteios: Realize concursos e sorteios que exijam a inscrição via e-mail. Esta é uma maneira eficaz de atrair novos inscritos de forma rápida.
- Qualidade Sobre Quantidade: Evite comprar listas de e-mails. Focar na construção orgânica garante que seus contatos estejam realmente interessados no que você tem a oferecer, resultando em melhor engajamento e menos taxas de rejeição.

Segmentação do Público

- A segmentação é crucial para garantir que suas mensagens sejam relevantes para os destinatários. Aqui estão algumas formas de segmentar sua lista de e-mails:
- Demografia: Segmente com base em idade, gênero, localização e outras características demográficas.
- Comportamento de Compra: Agrupe os destinatários com base em suas compras anteriores, frequência de compras e valor gasto.

- Interesses: Utilize dados coletados sobre os interesses dos seus inscritos para enviar e-mails direcionados a tópicos específicos.
- Engajamento: Segmente por nível de engajamento, como aqueles que abrem e clicam regularmente nos seus e-mails versus aqueles que raramente interagem.
- Ciclo de Vida do Cliente: Crie segmentos para diferentes estágios do ciclo de vida do cliente, desde novos leads até clientes fidelizados.

Criando Campanhas de E-mail Marketing que convertem

Uma campanha de e-mail marketing eficaz precisa de uma estratégia bem pensada e uma execução cuidadosa. Aqui estão os passos para criar campanhas que convertem:

- Objetivo Claro: Defina um objetivo claro para sua campanha, como aumentar as vendas, promover um evento ou gerar tráfego para seu site.
- Assunto Atraente: O assunto do e-mail é a primeira coisa que o destinatário vê. Crie linhas de assunto atraentes e diretas que incentivem a abertura do e-mail.
- Conteúdo Relevante: O conteúdo do e-mail deve ser relevante e valioso para o destinatário. Personalize a mensagem para abordar diretamente os interesses e necessidades do segmento alvo.
- Chamada para Ação (CTA): Inclua CTAs claras e acionáveis que direcionem o destinatário para a próxima etapa, seja uma compra, inscrição ou download.
- Design Responsivo: Garanta que seus e-mails sejam visualmente atraentes e funcionem bem em todos os dispositivos, especialmente em smartphones.
- Teste A/B: Realize testes A/B para experimentar diferentes linhas de assunto, conteúdos e designs. Isso ajuda a identificar o que funciona melhor para seu público.
- Automação: Utilize ferramentas de automação de e-mails para enviar mensagens em momentos estratégicos, como boas-vindas, aniversário ou após uma compra.

Medindo o Sucesso das Campanhas

Medir e analisar o desempenho das suas campanhas de e-mail marketing é essencial para aprimorar continuamente sua estratégia. Fique atento às seguintes métricas:

- Taxa de Abertura: Indica quantos destinatários abriram seu e-mail. Linhas de assunto atraentes e remetentes reconhecíveis podem aumentar essa taxa.
- Taxa de Cliques (CTR): Mostra quantos destinatários clicaram nos links dentro do e-mail. CTAs claros e conteúdo relevante são fundamentais para melhorar essa métrica.
- Taxa de Conversão: Mede quantos destinatários realizaram a ação desejada após clicar no e-mail, como fazer uma compra ou preencher um formulário.
- Taxa de Rejeição: Indica quantos e-mails não foram entregues. Manter uma lista de e-mails limpa e atualizada ajuda a reduzir essa taxa.
- Taxa de Cancelamento: Reflete quantos destinatários optaram por sair da sua lista. Uma taxa elevada pode indicar que o conteúdo não está atendendo às expectativas dos inscritos.

O e-mail marketing é uma ferramenta poderosa e versátil que, quando bem utilizada, pode transformar a maneira como sua empresa se comunica com seus clientes. Desde a construção de uma lista de e-mails de qualidade até a criação de campanhas personalizadas e eficazes, cada etapa é crucial para alcançar o sucesso.

Capítulo 5: Mídias Pagas: Amplifique seu Alcance

No mundo digital competitivo de hoje, depender exclusivamente de alcance orgânico pode não ser suficiente para atingir os objetivos de marketing de uma empresa. As mídias pagas, como Google Ads e Facebook Ads, oferecem uma maneira poderosa de ampliar seu alcance, atingindo públicos maiores e mais segmentados de forma eficiente. Este capítulo explorará como criar campanhas de mídia paga eficazes e otimizar seus resultados para obter o máximo retorno sobre investimento (ROI).

A Importância das Mídias Pagas

As mídias pagas são cruciais para qualquer estratégia de marketing digital devido a vários fatores:

- Alcance Ampliado: As plataformas de mídia paga permitem que você atinja um público muito maior do que o orgânico, incluindo aqueles que ainda não conhecem sua marca.
- Segmentação Precisa: As ferramentas de mídia paga oferecem opções avançadas de segmentação, permitindo que você direcione seus anúncios com base em demografia, interesses, comportamentos e muito mais.
- Resultados Imediatos: Ao contrário das estratégias orgânicas, que podem levar tempo para mostrar resultados, as campanhas de mídia paga podem gerar tráfego e conversões quase instantaneamente.
- Controle Total do Orçamento: Você pode definir e ajustar seu orçamento de acordo com suas necessidades e recursos, pagando apenas pelos resultados, como cliques ou impressões.
- Métricas e Análises: As plataformas de mídia paga fornecem dados detalhados sobre o desempenho das suas campanhas, permitindo ajustes em tempo real para melhorar a eficácia.

Google Ads

Google Ads é uma das plataformas de publicidade mais populares e eficazes. Aqui estão algumas dicas para criar campanhas bem-sucedidas no Google Ads:

- Pesquisa de Palavras-Chave: A base de qualquer campanha eficaz no Google Ads é a pesquisa de palavras-chave. Utilize ferramentas como o Planejador de Palavras-Chave do Google para identificar termos relevantes e de alto volume que seu público-alvo está procurando.
- Estrutura da Campanha: Organize suas campanhas em grupos de anúncios que sejam altamente relevantes para as palavras-chave escolhidas. Isso ajuda a manter a relevância dos anúncios e melhora o Índice de Qualidade.
- Criação de Anúncios: Redija anúncios claros e atraentes que incluam palavras-chave principais. Inclua um Call to Action (CTA) forte para incentivar cliques.
- Landing Pages: Certifique-se de que suas landing pages são relevantes para os anúncios e oferecem uma experiência de usuário excelente. Uma boa landing page deve ser rápida, mobile-friendly e conter um CTA claro.
- Extensões de Anúncios: Utilize extensões de anúncios para fornecer informações adicionais e aumentar a visibilidade dos seus anúncios. Extensões de sitelink, de chamada e de local são particularmente úteis.

Facebook Ads

Facebook Ads oferece uma plataforma poderosa para atingir um público altamente segmentado. Aqui estão algumas estratégias para aproveitar ao máximo suas campanhas no Facebook Ads:

- Definição de Objetivos: Comece definindo objetivos claros para sua campanha, como aumentar o reconhecimento da marca, gerar leads ou aumentar as vendas. O Facebook oferece diferentes tipos de campanhas, cada uma otimizada para diferentes objetivos.
- Segmentação de Público: Utilize as opções avançadas de segmentação do Facebook para definir seu público-alvo com base em dados demográficos, interesses, comportamentos e conexões.
- Criação de Anúncios Visuais: Os anúncios no Facebook devem ser visuais e envolventes. Utilize imagens de alta qualidade e vídeos curtos que capturam a atenção do usuário.
- Teste A/B: Realize testes A/B para diferentes elementos dos seus anúncios, como imagens, textos e CTAs. Isso ajuda a identificar o que funciona melhor para seu público.
- Remarketing: Utilize campanhas de remarketing para alcançar usuários que já interagiram com sua marca, aumentando as chances de conversão.

Otimização de Campanhas

A otimização contínua é fundamental para o sucesso de suas campanhas de mídia paga. Aqui estão algumas práticas recomendadas:

- Monitoramento de Desempenho: Acompanhe constantemente as métricas de desempenho, como taxa de cliques (CTR), custo por clique (CPC), taxa de conversão e ROI. Use essas informações para ajustar suas campanhas.
- Ajustes de Lance: Ajuste seus lances com base no desempenho das palavras-chave e anúncios. Aumente os lances para palavras-chave e anúncios que estão gerando bons resultados e reduza ou pause aqueles que não estão.
- Análise de Concorrência: Fique de olho na concorrência e ajuste suas estratégias conforme necessário para se manter competitivo.
- Otimização de Landing Pages: Continue otimizando suas landing pages para melhorar a experiência do usuário e aumentar as taxas de conversão. Teste diferentes elementos, como layout, textos e CTAs.
- Atualização de Conteúdo: Mantenha seus anúncios atualizados com novos conteúdos, ofertas e informações relevantes para manter o interesse do público.

As mídias pagas são uma ferramenta poderosa para ampliar o alcance da sua marca e atingir seus objetivos de marketing de maneira eficiente. Ao dominar plataformas como Google Ads e Facebook Ads, você pode criar campanhas altamente segmentadas e eficazes que geram resultados imediatos. A chave para o sucesso está na pesquisa cuidadosa, na criação de anúncios atraentes, na segmentação precisa e na otimização contínua. Com essas estratégias, você estará bem preparado para aproveitar ao máximo as mídias pagas e impulsionar o crescimento do seu negócio no ambiente digital.

Capítulo 6: SEO: Posicione seu Site no Topo dos Resultados de Busca

O SEO (Search Engine Optimization) é uma disciplina fundamental no marketing digital. Trata-se do conjunto de técnicas e estratégias aplicadas para melhorar o posicionamento de um site nos resultados dos motores de busca, especialmente o Google. Com um SEO eficaz, seu site pode alcançar as primeiras posições nos resultados de busca, aumentando significativamente a visibilidade, o tráfego e, consequentemente, as oportunidades de conversão. Este capítulo abordará as técnicas mais importantes de SEO, incluindo pesquisa de palavras-chave, otimização de conteúdo e construção de backlinks.

A Importância do SEO

Antes de nos aprofundarmos nas técnicas de SEO, é importante entender por que o SEO é tão crucial:

- Visibilidade: A maioria dos usuários de internet não passa da primeira página de resultados de busca. Estar nas primeiras posições aumenta drasticamente a visibilidade do seu site.
- Credibilidade e Autoridade: Sites bem posicionados nos resultados de busca são percebidos como mais confiáveis e autoritativos pelos usuários.
- Tráfego Orgânico: Um bom SEO atrai tráfego orgânico, que é altamente valioso porque os visitantes chegam ao seu site de forma natural, sem a necessidade de pagar por anúncios.
- Experiência do Usuário: Muitas práticas de SEO, como melhorar a velocidade do site e a navegação, também melhoram a experiência do usuário, resultando em maior satisfação e retenção de visitantes.

Pesquisa de Palavras-Chave

A pesquisa de palavras-chave é o primeiro passo para qualquer estratégia de SEO eficaz. Ela envolve identificar os termos e frases que seu público-alvo está procurando. Aqui estão os passos para realizar uma pesquisa de palavras-chave eficiente:

- Brainstorming: Comece fazendo uma lista de tópicos relevantes para o seu negócio. Pense em termos gerais e específicos que seus clientes podem usar para encontrar seus produtos ou serviços.
- Ferramentas de Pesquisa de Palavras-Chave: Utilize ferramentas como Google Keyword Planner, SEMrush, Ahrefs e Moz Keyword Explorer para descobrir palavras-chave relacionadas aos seus tópicos. Essas ferramentas fornecem dados sobre volume de buscas, concorrência e sugestões de palavras-chave.
- Análise da Concorrência: Examine os sites dos concorrentes para ver quais palavras-chave eles estão alvejando. Ferramentas de SEO podem mostrar as palavras-chave pelas quais seus concorrentes estão classificados.
- Long-Tail Keywords: Foque também em palavras-chave de cauda longa (Long-Tail Keywords), que são mais específicas e geralmente têm menos concorrência. Embora tenham um menor volume de buscas, elas tendem a ter uma taxa de conversão mais alta.
- Intenção de Busca: Compreenda a intenção por trás das palavras-chave. As pessoas podem estar procurando informações (informacional), querendo comprar (comercial) ou buscando um site específico (navegacional). Ajuste suas estratégias de conteúdo de acordo.

Otimização de Conteúdo

O conteúdo é rei no SEO. Otimizar o conteúdo do seu site envolve várias práticas:

- Uso Estratégico de Palavras-Chave: Incorpore as palavras-chave principais e secundárias de maneira natural ao longo do conteúdo. Coloque as palavras-chave no título, cabeçalhos, introdução, corpo do texto e conclusão.
- Títulos e Meta Descrições: Crie títulos (title tags) e meta descrições atraentes e ricas em palavras-chave. Esses elementos são fundamentais para o SEO e para atrair cliques nos resultados de busca.
- Qualidade do Conteúdo: O conteúdo deve ser relevante, informativo e de alta qualidade. Isso não só melhora o SEO, mas também engaja os visitantes e reduz a taxa de rejeição.
- Estrutura do Conteúdo: Utilize cabeçalhos (H1, H2, H3) para organizar o conteúdo de forma clara e lógica. Isso facilita a leitura e ajuda os motores de busca a entenderem a estrutura do seu site.
- Imagens e Multimídia: Inclua imagens, vídeos e outros elementos multimídia para tornar o conteúdo mais atrativo. Certifique-se de otimizar esses elementos com textos alternativos (alt text) e descrições.
- Links Internos: Utilize links internos para conectar diferentes partes do seu site. Isso ajuda os motores de busca a indexar seu site de forma mais eficaz e mantém os visitantes engajados por mais tempo.

Construção de Backlinks

Os backlinks, ou links de outros sites que apontam para o seu, são um dos fatores mais importantes para o SEO. Eles sinalizam aos motores de busca que seu site é uma autoridade no assunto. Aqui estão algumas estratégias para construir backlinks:

- Conteúdo de Qualidade: Crie conteúdo valioso e único que outras pessoas queiram linkar. Artigos detalhados, pesquisas originais, infográficos e vídeos são ótimos para atrair backlinks.
- Guest Blogging: Escreva artigos para outros blogs e sites dentro do seu nicho. Em troca, você pode incluir um link para seu site no conteúdo ou na bio do autor.
- Parcerias e Colaborações: Colabore com outras empresas e influenciadores no seu setor para criar conteúdo conjunto e trocar backlinks.
- Listagens e Diretórios: Inscreva seu site em diretórios relevantes e sites de listagem. Esses links podem não ser os mais poderosos, mas ainda ajudam na construção de autoridade.
- Monitoramento de Menções: Use ferramentas como Google Alerts para monitorar menções da sua marca na web. Quando alguém mencionar sua marca sem um link, entre em contato e peça um backlink.
- Broken Link Building: Encontre links quebrados em sites relevantes e ofereça seu conteúdo como uma substituição. Isso ajuda o site a corrigir seus erros enquanto você ganha um backlink.

Otimização Técnica

- Velocidade do Site: Sites rápidos proporcionam uma melhor experiência ao usuário e são favorecidos pelo Google. Utilize ferramentas como Google PageSpeed Insights para analisar e melhorar a velocidade do seu site.
- Mobile-Friendly: Com a crescente utilização de dispositivos móveis, é essencial que seu site seja responsivo. O Google favorece sites mobile-friendly em seus rankings.
- Segurança: Sites seguros (HTTPS) são preferidos pelo Google. Certifique-se de que seu site tenha um certificado SSL.

- Estrutura de URL: Mantenha URLs curtas, descritivas e ricas em palavras-chave. Evite URLs complexas e longas.
- Sitemaps: Envie um sitemap XML ao Google Search Console para ajudar os motores de busca a indexar seu site de maneira mais eficiente.
- Arquivo Robots.txt: Utilize o arquivo robots.txt para instruir os motores de busca sobre quais páginas indexar e quais não indexar.

O SEO é uma disciplina multifacetada que envolve uma combinação de pesquisa, conteúdo de qualidade, construção de links e otimização técnica. Embora possa parecer complexo, os benefícios de uma estratégia de SEO bem executada são enormes. Com o conhecimento e as ferramentas certas, você pode posicionar seu site no topo dos resultados de busca, aumentando a visibilidade, o tráfego e as conversões. Este capítulo forneceu uma visão detalhada das principais técnicas de SEO, preparando você para implementar e aprimorar suas estratégias de forma contínua e eficaz.

Capítulo 7: Ferramentas Digitais Essenciais

No cenário do marketing digital, as ferramentas tecnológicas desempenham um papel fundamental. Elas ajudam a automatizar tarefas, analisar dados e otimizar campanhas, permitindo que os profissionais de marketing trabalhem de maneira mais eficiente e eficaz. Este capítulo explorará algumas das ferramentas digitais mais utilizadas e essenciais para qualquer estratégia de marketing digital bem-sucedida.

Automatização de Marketing

Automatizar tarefas repetitivas permite que os profissionais de marketing concentrem mais tempo e esforço em estratégias criativas e análise de dados. Aqui estão algumas ferramentas populares de automação de marketing:

- HubSpot: Uma plataforma completa de automação de marketing que inclui ferramentas para e-mail marketing, gerenciamento de leads, criação de landing pages, e análises detalhadas. O HubSpot também oferece CRM integrado, facilitando a gestão do relacionamento com clientes.
- Mailchimp: Conhecida por seu e-mail marketing, Mailchimp oferece automação para campanhas de e-mail, segmentação de público, e testes A/B. Ideal para pequenas e médias empresas que buscam soluções robustas sem complexidade excessiva.
- ActiveCampaign: Esta plataforma combina automação de e-mail, CRM, e ferramentas de vendas em uma única interface. ActiveCampaign é poderosa para criar fluxos de trabalho automatizados e segmentar leads com base em comportamento.

Análise de Dados

Para tomar decisões informadas, é crucial analisar o desempenho das campanhas e entender o comportamento do público. As ferramentas de análise de dados ajudam a transformar dados brutos em insights acionáveis:

- Google Analytics: A ferramenta mais amplamente utilizada para análise de sites. Google Analytics fornece dados detalhados sobre o tráfego do site, comportamento dos usuários, fontes de tráfego e conversões. É essencial para qualquer profissional de marketing que deseje entender o desempenho do seu site.

- SEMrush: Uma ferramenta de SEO e análise competitiva que permite aos usuários acompanhar rankings de palavras-chave, auditar seu site, analisar backlinks e espiar as estratégias dos concorrentes.
- Tableau: Para análise de dados mais avançada, Tableau oferece visualizações interativas que ajudam a compreender tendências e padrões complexos. É útil para grandes volumes de dados e relatórios detalhados.

Gestão de Redes Sociais

Gerenciar múltiplas contas de redes sociais pode ser desafiador. Ferramentas de gestão de redes sociais ajudam a organizar, agendar e analisar o conteúdo em diversas plataformas:

- Hootsuite: Uma das ferramentas mais conhecidas para gestão de redes sociais, Hootsuite permite agendar postagens, monitorar menções e analisar o desempenho em várias plataformas a partir de um único painel.
- Buffer: Similar ao Hootsuite, Buffer foca em facilitar o agendamento de postagens e a análise de desempenho. Sua interface intuitiva é ideal para equipes que colaboram em campanhas de redes sociais.
- Sprout Social: Além de agendamento e monitoramento, Sprout Social oferece recursos avançados de análise e relatórios, bem como ferramentas para gestão de relacionamento com clientes.

SEO e Marketing de Conteúdo

Ferramentas de SEO e marketing de conteúdo ajudam a otimizar o conteúdo para motores de busca e a planejar estratégias eficazes:

- Ahrefs: Uma ferramenta abrangente de SEO que oferece análise de backlinks, pesquisa de palavras-chave, auditorias de site, e monitoramento de classificações. Ahrefs é especialmente útil para entender a estratégia de SEO da concorrência.
- Moz: Com recursos para pesquisa de palavras-chave, análise de backlinks e auditorias de site, Moz é uma ferramenta confiável para melhorar o desempenho de SEO.
- Yoast SEO: Um plugin para WordPress que facilita a otimização do conteúdo para SEO. Yoast oferece recomendações de palavras-chave, sugestões de links internos, e análise de legibilidade.

Gestão de Projetos e Colaboração

Ferramentas de gestão de projetos e colaboração são essenciais para garantir que as campanhas sejam executadas de maneira organizada e dentro dos prazos:

- Trello: Utiliza um sistema de cartões e quadros para organizar tarefas e projetos. Trello é visualmente intuitivo e ótimo para acompanhar o progresso de campanhas.
- Asana: Oferece funcionalidades avançadas para gestão de tarefas e projetos, com recursos como cronogramas, listas de tarefas, e relatórios de progresso. Asana é ideal para equipes que precisam de uma gestão de projetos mais detalhada.
- Slack: Uma plataforma de comunicação que facilita a colaboração em tempo real. Slack integra-se com muitas outras ferramentas de marketing, permitindo uma comunicação fluida e eficiente.

Publicidade Digital

Gerenciar campanhas de publicidade digital requer ferramentas que ajudem a planejar, executar e analisar os anúncios:

- Google Ads: A principal plataforma para anúncios no Google, incluindo busca paga, display, YouTube e mais. Google Ads oferece ferramentas para criar, gerenciar e otimizar campanhas publicitárias.
- Facebook Ads Manager: Para publicidade no Facebook e Instagram, esta ferramenta permite criar campanhas segmentadas, definir orçamentos e analisar o desempenho dos anúncios.
- AdEspresso: Uma ferramenta de gerenciamento de anúncios que simplifica a criação, teste e análise de campanhas no Facebook, Instagram e Google Ads. AdEspresso é ideal para otimizar anúncios com base em testes A/B.

As ferramentas digitais são essenciais para a execução eficaz de estratégias de marketing digital. Elas ajudam a automatizar processos, analisar dados e otimizar campanhas, permitindo que os profissionais de marketing alcancem melhores resultados com maior eficiência. Neste capítulo, exploramos algumas das ferramentas mais utilizadas e suas aplicações específicas. Ao dominar o uso dessas ferramentas, você estará bem equipado para melhorar o desempenho de suas campanhas e alcançar seus objetivos de marketing.

Capítulo 8: Métricas e Análise de Resultados

No universo do marketing digital, medir e analisar os resultados de suas campanhas é essencial para entender o que está funcionando, o que precisa ser ajustado e onde concentrar esforços futuros. Acompanhar as métricas certas e interpretar os dados de forma correta permite otimizar suas estratégias e maximizar o retorno sobre o investimento (ROI). Este capítulo irá guiá-lo através dos principais aspectos da definição de métricas, monitoramento de desempenho e tomada de decisões baseadas em dados.

A Importância das Métricas no Marketing Digital

As métricas são indicadores que ajudam a avaliar o sucesso de suas campanhas de marketing digital. Elas fornecem insights valiosos sobre o comportamento do público, a eficácia das estratégias e o desempenho geral das suas ações de marketing. Algumas das razões pelas quais as métricas são cruciais incluem:

- Avaliação de Desempenho: As métricas permitem avaliar se as suas campanhas estão atingindo os objetivos definidos.
- Identificação de Oportunidades: A análise de dados ajuda a identificar áreas com potencial de melhoria e oportunidades de crescimento.

- Otimização de Estratégias: Com base nos dados, você pode ajustar suas estratégias para melhorar os resultados.
- Justificação de Investimentos: Dados concretos são essenciais para justificar os investimentos em marketing e obter suporte financeiro da administração.
- Melhoria Contínua: A medição constante e a análise dos resultados promovem a melhoria contínua das suas campanhas.

Definindo as Métricas Certas

Nem todas as métricas são igualmente relevantes para todos os negócios. A escolha das métricas deve ser alinhada aos objetivos específicos de sua empresa e de suas campanhas. Aqui estão alguns tipos de métricas comumente utilizadas no marketing digital:

Métricas de Tráfego:

- Visitas/Sessões: Número total de visitas ao seu site.
- Visitantes Únicos: Número de indivíduos distintos que visitam seu site.
- Fontes de Tráfego: Origem do tráfego (orgânico, pago, redes sociais, e-mail, etc.).

Métricas de Engajamento:

- Taxa de Rejeição (Bounce Rate): Percentual de visitantes que deixam seu site após visualizar apenas uma página.
- Duração Média da Sessão: Tempo médio que os visitantes passam no seu site.
- Páginas por Sessão: Número médio de páginas que um visitante visualiza por sessão.

Métricas de Conversão:

- Taxa de Conversão: Percentual de visitantes que completam uma ação desejada (compra, cadastro, download, etc.).
- Custo por Conversão: Custo médio para adquirir uma conversão.
- Valor Médio do Pedido (Average Order Value - AOV): Valor médio gasto por cliente em uma transação.

Métricas de Retenção e Fidelidade:

- Taxa de Retenção: Percentual de clientes que continuam a comprar após uma primeira compra.
- Lifetime Value (LTV): Valor total que um cliente deve gerar durante seu relacionamento com a empresa.
- Taxa de Churn: Percentual de clientes que deixam de usar o serviço ou comprar produtos durante um período específico.

Métricas de ROI e Performance Financeira:

- Retorno sobre o Investimento (ROI): Lucro gerado em relação ao custo da campanha.
- Custo de Aquisição de Clientes (CAC): Custo total para adquirir um novo cliente.
- Margem de Lucro: Percentual de lucro gerado por vendas em relação ao custo.

Monitorando o Desempenho

Monitorar o desempenho em tempo real é vital para fazer ajustes rápidos e garantir que suas campanhas estejam no caminho certo. As seguintes práticas são recomendadas:

- Painéis de Controle (Dashboards): Utilize dashboards para acompanhar as métricas chaves em tempo real. Ferramentas como Google Data Studio, Tableau e DashThis podem agregar dados de várias fontes em um único painel visual.
- Relatórios Periódicos: Gere relatórios semanais, mensais e trimestrais para revisar o desempenho. Inclua análises detalhadas e recomendações baseadas nos dados.
- Alertas e Notificações: Configure alertas para métricas críticas que precisam de atenção imediata, como uma queda brusca no tráfego ou um aumento no custo por conversão.

Tomando Decisões Baseadas em Dados

A análise de dados deve informar suas decisões estratégicas. Aqui estão algumas etapas para tomar decisões eficazes com base em dados:

- Coleta de Dados: Utilize ferramentas de análise como Google Analytics, SEMrush, HubSpot e outras para coletar dados relevantes sobre suas campanhas.
- Interpretação de Dados: Analise os dados para identificar padrões, tendências e anomalias. Compare métricas de diferentes períodos e campanhas para obter insights.
- Teste e Experimentação: Realize testes A/B para diferentes elementos das suas campanhas (títulos, CTAs, imagens) para determinar o que funciona melhor.
- Ajustes e Otimização: Com base nos insights obtidos, ajuste suas campanhas para melhorar o desempenho. Isso pode incluir mudanças na segmentação, no orçamento, no conteúdo ou na estratégia geral.
- Documentação e Aprendizado: Documente os resultados e as lições aprendidas de cada campanha. Use esses insights para informar futuras estratégias e evitar repetir erros.

Ferramentas para Métricas e Análise

Para monitorar e analisar suas campanhas de marketing digital de forma eficaz, é essencial usar as ferramentas certas. Algumas das principais ferramentas incluem:

- Google Analytics: Indispensável para análise de tráfego e comportamento do usuário no seu site.
- Google Search Console: Para monitorar a performance do seu site nos resultados de busca e identificar problemas de SEO.
- SEMrush/Ahrefs: Para análise de SEO, incluindo monitoramento de palavras-chave, backlinks e concorrência.
- HubSpot: Plataforma de CRM que oferece insights detalhados sobre a jornada do cliente, além de métricas de marketing.
- Hootsuite/Buffer: Ferramentas de gestão de redes sociais que fornecem análises de engajamento e desempenho.

- Tableau/Google Data Studio: Para criar dashboards personalizados e relatórios visualmente atraentes.

Acompanhar e analisar as métricas é uma parte indispensável do marketing digital. Definir as métricas certas, monitorar o desempenho de forma contínua e tomar decisões informadas com base em dados permite que as empresas maximizem a eficácia de suas campanhas e alcancem seus objetivos de negócio. Com as ferramentas e estratégias adequadas, você estará bem equipado para transformar dados em ações concretas e alcançar o sucesso no marketing digital.

Capítulo 9: Estudos de Caso e Inspirações

Neste capítulo, vamos explorar exemplos práticos de empresas que obtiveram resultados excepcionais com suas estratégias de marketing digital. Ao analisar esses estudos de caso, você poderá identificar táticas eficazes, aprender com as melhores práticas do mercado e encontrar inspiração para adaptar essas estratégias ao seu próprio negócio. A prática e a experiência de outros podem servir como um guia valioso, ajudando você a evitar erros comuns e a acelerar seu caminho rumo ao sucesso.

A Importância dos Estudos de Caso

Os estudos de caso são ferramentas poderosas para entender como diferentes empresas abordam e resolvem desafios específicos no marketing digital. Eles oferecem vários benefícios:

- Aprendizado Prático: Em vez de teorias abstratas, estudos de caso mostram a aplicação prática de estratégias e táticas.
- Inspiração: Ver o sucesso de outros pode inspirar novas ideias e abordagens para seu próprio negócio.
- Evidência de Sucesso: Estudos de caso fornecem provas concretas de que certas estratégias funcionam, aumentando sua confiança para experimentá-las.
- Identificação de Tendências: Analisando múltiplos casos, você pode identificar tendências emergentes e oportunidades no mercado.

Exemplos Práticos de Sucesso

Vamos explorar alguns estudos de caso de empresas que alcançaram sucesso notável no marketing digital, detalhando suas estratégias e resultados.

1. Dollar Shave Club

Estratégia:

Vídeo Viral: Em 2012, o Dollar Shave Club lançou um vídeo promocional engraçado e direto ao ponto, que rapidamente se tornou viral. O vídeo apresentava o fundador da empresa explicando de forma humorada os benefícios do serviço de assinatura de lâminas de barbear. Marketing de Conteúdo: Além do vídeo, a empresa investiu em conteúdo de alta qualidade, incluindo blogs e vídeos adicionais, para manter o engajamento dos clientes.

Resultados:

O vídeo acumulou milhões de visualizações em poucos dias, impulsionando a notoriedade da marca. Em poucos anos, a empresa cresceu exponencialmente, atraindo milhões de assinantes e, eventualmente, sendo adquirida pela Unilever por US$ 1 bilhão.

2. Airbnb

Estratégia:

SEO e Marketing de Conteúdo: Airbnb investiu pesadamente em SEO, criando conteúdo valioso e otimizado para atrair viajantes e anfitriões. User-Generated Content (UGC): Incentivou os usuários a compartilharem suas experiências e fotos, criando um ciclo contínuo de conteúdo novo e autêntico. Campanhas Sociais: Utilizou campanhas de mídia social para alcançar novos públicos e aumentar o engajamento.

Resultados:

Airbnb se tornou um dos principais sites de aluguel de curto prazo, dominando o mercado global. O tráfego orgânico e as referências de usuários contribuíram significativamente para o crescimento da base de usuários.

3. Nike

Estratégia:

Marketing de Influenciadores: Colaborou com atletas famosos e influenciadores para promover seus produtos. Campanhas Sociais Impactantes: Campanhas como "Just Do It" e "Dream Crazy" (com Colin Kaepernick) criaram um impacto cultural e social significativo. Tecnologia e Inovação: Utilizou tecnologia como o Nike+ para conectar produtos ao mundo digital, oferecendo uma experiência mais envolvente aos clientes.

Resultados:

A Nike manteve sua posição como líder de mercado, com campanhas que não só vendem produtos, mas também fortalecem a marca. As campanhas geraram milhões de interações e compartilhamentos nas redes sociais, aumentando significativamente a visibilidade e o engajamento da marca.

Adaptando Estratégias ao Seu Negócio

Analisar esses estudos de caso é o primeiro passo. O próximo é adaptar as estratégias de sucesso às necessidades específicas do seu negócio. Aqui estão algumas dicas para fazer isso:

- Identifique as Semelhanças: Procure elementos nos estudos de caso que se aplicam ao seu setor ou mercado. Por exemplo, se você é uma empresa de e-commerce, as estratégias de SEO e conteúdo usadas pelo Airbnb podem ser relevantes.

- Adapte ao Seu Público: Entenda o seu público-alvo e adapte as táticas para atender às suas preferências e comportamentos. O que funcionou para o público jovem da Dollar Shave Club pode precisar de ajustes para um público mais maduro.
- Teste e Otimize: Implemente as estratégias em pequena escala para testar sua eficácia. Use A/B testing para otimizar continuamente suas campanhas com base nos resultados obtidos.
- Inove: Use os estudos de caso como inspiração, mas não tenha medo de inovar. Adapte as ideias e crie algo único que se destaque no seu mercado.

Ferramentas para Análise de Estudos de Caso

Para maximizar o aprendizado com os estudos de caso, utilize ferramentas que possam ajudá-lo a analisar e aplicar essas estratégias de maneira mais eficaz:

- Google Analytics: Para entender o comportamento dos visitantes em seu site e medir o impacto das novas estratégias.
- SEMrush: Para analisar a performance de SEO e entender como os concorrentes estão obtendo sucesso.
- BuzzSumo: Para identificar conteúdo popular e entender o que está funcionando bem em termos de marketing de conteúdo e mídia social.
- Sprout Social: Para analisar o desempenho de campanhas de mídia social e ajustar suas estratégias com base nos dados.

Estudos de caso são recursos inestimáveis para qualquer profissional de marketing digital. Eles oferecem insights práticos e provas de que certas estratégias funcionam. Ao estudar e adaptar as táticas de empresas que alcançaram sucesso, você pode inspirar-se e aplicar essas lições ao seu próprio negócio, aumentando suas chances de sucesso no competitivo mundo do marketing digital.

Capítulo 10: Dicas Extras para o Sucesso

No capítulo final deste guia, vamos compartilhar algumas dicas adicionais que podem ser cruciais para o seu sucesso no marketing digital. Além das estratégias e táticas abordadas nos capítulos anteriores, é importante considerar aspectos como ética digital, segurança online e as tendências emergentes do mercado. Esses elementos podem fazer uma diferença significativa na sua abordagem e garantir que você esteja preparado para enfrentar os desafios do ambiente digital em constante evolução.

Ética Digital

A ética digital é fundamental para construir uma reputação sólida e manter a confiança do seu público. Práticas éticas no marketing digital incluem transparência, honestidade e respeito pela privacidade dos usuários. Aqui estão alguns princípios-chave a seguir:

Transparência e Honestidade:

- Seja claro e honesto em todas as suas comunicações e ofertas. Evite promessas exageradas ou enganosas.
- Divulgue informações importantes, como termos e condições, políticas de privacidade e detalhes sobre o uso de dados.

Respeito pela Privacidade:

- Colete apenas os dados necessários e use-os de maneira responsável.
- Obtenha consentimento explícito dos usuários antes de coletar informações pessoais.
- Permita que os usuários optem por sair de listas de e-mail e campanhas de marketing facilmente.

Conteúdo Autêntico:

- Crie conteúdo original e autêntico que agregue valor ao seu público.
- Evite o plágio e dê crédito adequado às fontes quando utilizar conteúdo de terceiros.

Segurança Online

A segurança online é uma preocupação crescente para empresas e consumidores. Proteger seus dados e os dados dos seus clientes é essencial para manter a confiança e evitar violações que possam comprometer sua reputação. Algumas práticas recomendadas incluem.

Proteção de Dados:

- Utilize criptografia para proteger dados sensíveis, tanto em trânsito quanto em repouso.
- Implementar políticas rigorosas de acesso e controle de dados dentro da organização.

Segurança de Senhas:

- Use senhas fortes e únicas para todas as contas e sistemas.
- Considere a implementação de autenticação multifator (MFA) para adicionar uma camada extra de segurança.

Educação e Treinamento:

- Treine sua equipe sobre as melhores práticas de segurança cibernética e como identificar ameaças como phishing e malware.
- Mantenha-se atualizado sobre as últimas ameaças de segurança e vulnerabilidades.

Monitoramento Contínuo:

- Use ferramentas de monitoramento para detectar e responder rapidamente a atividades suspeitas.
- Realize auditorias de segurança regulares para identificar e corrigir vulnerabilidades.

Tendências do Mercado

Manter-se atualizado com as tendências do mercado é crucial para adaptar suas estratégias de marketing digital e permanecer competitivo. Aqui estão algumas tendências emergentes que você deve considerar:

Inteligência Artificial e Automação:

- Utilize ferramentas de inteligência artificial (IA) para analisar dados, personalizar experiências do cliente e automatizar tarefas repetitivas.
- Chatbots e assistentes virtuais podem melhorar o atendimento ao cliente e aumentar a eficiência.

Marketing de Influenciadores:

- Colabore com influenciadores relevantes no seu setor para ampliar o alcance e a credibilidade da sua marca.
- Escolha influenciadores que compartilhem os valores da sua marca e tenham um engajamento genuíno com o público.

Vídeo Marketing:

- O vídeo continua a ser uma das formas mais eficazes de conteúdo digital. Invista em vídeos de alta qualidade, como tutoriais, webinars, e transmissões ao vivo.
- Plataformas como YouTube, TikTok e Instagram são ideais para compartilhar conteúdo em vídeo.

O marketing digital é um campo dinâmico e em constante evolução. Além de aplicar as estratégias e táticas tradicionais, considerar aspectos éticos, de segurança e estar atento às tendências emergentes pode diferenciar seu negócio e garantir seu sucesso a longo prazo. No final, o marketing digital eficaz não se trata apenas de alcançar mais pessoas, mas de construir relacionamentos sólidos e duradouros com seu público. Ao integrar essas dicas extras na sua abordagem de marketing digital, você estará mais preparado para enfrentar os desafios do mercado e aproveitar as oportunidades que surgem. Lembre-se de que a flexibilidade e a disposição para aprender e adaptar-se são fundamentais para prosperar no mundo digital em rápida mudança.

Continuando sua Jornada no Marketing Digital

À medida que chegamos ao fim deste guia, é importante lembrar que o marketing digital é uma disciplina em constante evolução. Este livro serviu como um ponto de partida para sua jornada, fornecendo uma base sólida de conhecimento e estratégias para você começar a construir sua presença online e alcançar seus objetivos de marketing. No entanto, o aprendizado não termina aqui - na verdade, está apenas começando.

Adaptação Constante

Uma das características mais marcantes do marketing digital é a sua rapidez e capacidade de mudança. Novas tecnologias emergem, algoritmos de plataformas de mídia social são atualizados e as preferências do consumidor evoluem constantemente. Portanto, é crucial que você se mantenha atualizado e adaptado a essas mudanças.

Aprendizado Contínuo

Continue buscando conhecimento e aprimorando suas habilidades no marketing digital. Existem inúmeras fontes de aprendizado disponíveis, desde blogs e podcasts até cursos online e conferências da indústria. Mantenha-se atualizado com as últimas tendências, estratégias e melhores práticas, e esteja disposto a experimentar e testar novas ideias em sua própria estratégia de marketing.

Experimentação e Inovação

O sucesso no marketing digital muitas vezes vem da experimentação e da inovação. Não tenha medo de tentar coisas novas e sair da sua zona de conforto. Teste diferentes abordagens, analise os resultados e ajuste sua estratégia com base no que você aprendeu. A inovação é fundamental para se destacar em um mercado cada vez mais competitivo.

Análise e Otimização

A análise de dados é uma parte essencial do marketing digital. Continue monitorando o desempenho de suas campanhas, analisando os dados e ajustando sua estratégia com base nos insights que você obtém. A otimização contínua é fundamental para maximizar o retorno sobre o investimento e alcançar seus objetivos de marketing.

Construindo Relacionamentos

Lembre-se de que o marketing digital não se trata apenas de promover produtos ou serviços - também se trata de construir relacionamentos com seu público. Priorize a criação de conteúdo valioso e relevante que ressoe com sua audiência, e esteja presente para se envolver e responder às perguntas e feedbacks dos seus seguidores.

Mantendo-se à Frente

Por fim, lembre-se de que o sucesso no marketing digital exige dedicação e perseverança. Esteja preparado para enfrentar desafios e superar obstáculos ao longo do caminho. Mantenha-se motivado, focado em seus objetivos e sempre buscando maneiras de melhorar e se diferenciar da concorrência.

Continuando a Jornada

Este livro foi apenas o começo da sua jornada no marketing digital. Com as ferramentas e conhecimentos certos em mãos, você está pronto para enfrentar qualquer desafio que surgir no seu caminho. Continue aprendendo, experimentando e inovando, e nunca subestime o poder do marketing digital para transformar o seu negócio. O futuro do marketing está em suas mãos - vá em frente e faça acontecer!

Fabrício P.B. Lima

www.ingramcontent.com/pod-product-compliance
Lightning Source LLC
Chambersburg PA
CBHW050255230526
45470CB00005B/2277